# FORMULES

DE

## PÉTITIONS, MARCHÉS, DEVIS BAUX, &c.

PAR

L. CHASSEPOUX

TOURS

PRIX : 60 CENTIMES

1895

FORMULES

COMPLÉMENT DE "L'UTILE"

# FORMULES

DE

## PÉTITIONS, MARCHÉS, DEVIS, BAUX, etc.

PAR

L. CHASSEPOUX

TOURS

N°........

PRIX : 60 CENTIMES

1895

## DU MÊME AUTEUR

# " L'UTILE "

GUIDE PRATIQUE A L'USAGE DES ENTREPRENEURS, PROPRIÉTAIRES, AGRICULTEURS, INDUSTRIELS ET COMMERÇANTS.

Relié toile, prix........................ **3** francs.

## COMPLÉMENT DE " L'UTILE "

Prix............................. **60** centimes.

*On peut se procurer ces ouvrages chez les principaux libraires ou chez M.* L. Chassepoux, *Tours.*

# PRÉFACE DE L'AUTEUR

---

Le nouvel ouvrage que nous offrons au public a été fait dans un but d'utilité pratique.

Les *Commerçants*, les *Propriétaires*, les *Agriculteurs* ont journellement besoin de rédiger des baux, des marchés; les *Entrepreneurs* ont à dresser des devis, tous, enfin, peuvent avoir à faire une pétition.

Nous avons donc cru qu'il serait urgent de faire un recueil qui leur vint en aide; un ouvrage qui leur économisât du temps et du travail, en leur donnant des modèles contenant les formules à employer.

C'est pour répondre à ce besoin que nous avons entrepris la publication du

**" FORMULAIRE. "**

Nous avons fait tous nos efforts pour le rendre aussi pratique que possible; le public jugera si nous avons réussi dans la tâche que nous nous sommes imposée.

L. Chassepoux.

---

# FORMULES

DE

# PÉTITIONS, MARCHÉS, DEVIS, BAUX, &c.

## DEVIS ET MARCHÉS

### N° 1. — Pour construction de bâtiments.

Entre les soussignés :

Monsieur Louis Mazoner, propriétaire, demeurant à Tours, boulevard Béranger, 28,

Et Monsieur Jean Thibault, entrepreneur de bâtiments, demeurant à Tours, rue Victor-Hugo, 22,

Il a été dit et convenu ce qui suit :

M. Jean Thibault s'engage à construire la maison que veut élever M. Louis Mazouer rue d'Entraigues, conformément aux plans qui ont été signés doubles entre les parties, et au devis descriptif et estimatif de ladite maison, lesquels plans et devis sont annexés aux présentes.

En conséquence, M. Thibault fournira tous les matériaux et exécutera tous les travaux nécessaires pour faire avec solidité et d'après les règles de l'art, au dire des gens experts dans la partie, le bâtiment dont il s'agit. Les travaux commenceront le .............. et seront poursuivis avec activité, de manière à être complètement terminés le ............... Faute de livrer les clefs de la maison à cette époque, M. Thibault sera débiteur envers M. Mazouer d'une somme de quinze francs par jour de retard.

Le marché est conclu moyennant la somme de deux cent mille francs, payables, savoir : soixante mille francs le ..........., soixante mille francs le ............., et les quatre-vingt mille francs restants le jour où l'ouvrage aura été reconnu bien fait par les gens de l'art.

Fait double à Tours, le ...........

L. Mazouer. J. Thibault.

*Devis des travaux à faire pour la construction de la maison de M. Mazouer, rue d'Entraigues.*

1° Maçonnerie,
2° Charpente,
3° Couverture,
4° Menuiserie,
etc.

## N° 2. — Marchés à prix faits.

Le devis est un mémoire détaillé des ouvrages à faire et du prix qu'ils doivent coûter. Le marché est la convention intervenue entre l'entrepreneur et le propriétaire qui le fait travailler.

Dans le cas où l'ouvrier fournit la matière, si la chose vient à périr de quelque manière que ce soit avant d'être livrée, la perte est subie par l'ouvrier, à moins que le maître ne soit en demeure de recevoir la chose. (Code civil, 1788.)

Dans le cas où l'ouvrier fournit seulement son travail ou son industrie, si la chose vient à périr, l'ouvrier n'est tenu que de sa faute. Si, dans ce cas, la chose vient à périr, quoiqu'il n'y ait point faute de la part de l'ouvrier, avant que l'ouvrage ait été reçu et sans que le maître fût en demeure de le vérifier, l'ouvrier n'a point de salaire à réclamer, à moins que la chose ait péri par le vice de la matière. (Code civil, 1789 et 1790.)

S'il s'agit d'un ouvrage à plusieurs pièces ou à la mesure, la vérification peut s'en faire par parties : elle est censée faite pour toutes les parties payées, si le maître paye l'ouvrier en proportion de l'ouvrage fait. (Code civil, 1791.)

Si l'édifice construit à prix fait périt en tout ou en partie par le vice de la construction ou même par le vice du sol, les architectes et entrepreneurs en sont responsables pendant dix ans. (Code civil, 1792.)

Lorsqu'un entrepreneur ou un architecte s'est chargé de la construction à forfait d'un bâtiment, d'après un plan arrêté et convenu avec le propriétaire du sol, il ne peut demander aucune augmentation de prix, ni sous le prétexte de l'augmentation de la main-d'œuvre ou des matériaux, ni sous celui de changements ou d'augmentations faits sur ce plan, si ces changements ou augmentations n'ont pas été autorisés par écrit et le prix convenu avec le propriétaire. (Code civil, 1793.)

Le maître peut résilier, par sa seule volonté, le marché à forfait, quoique l'ouvrage soit déjà commencé, en dédommageant l'entrepreneur de toutes ses dépenses, de tous ses travaux et de tout ce qu'il aurait pu gagner dans cette entreprise. (Code civil, 1794.)

Le contrat de louage d'ouvrage est dissous par la mort de l'ouvrier, de l'architecte ou de l'entrepreneur. (Code civil, 1795.)

Mais le propriétaire est tenu de payer en proportion du prix porté par la convention, à leur succession, la valeur des ouvrages faits et celle des matériaux préparés, lors seulement que ces travaux ou matériaux peuvent lui être utiles. (Code civil, 1796.)

L'entrepreneur répond du fait des personnes qu'il emploie. (Code civil, 1797.)

Les maçons, charpentiers et autres ouvriers qui ont été employés à la construction d'un bâtiment ou d'autres ouvrages faits à l'entreprise n'ont d'action contre celui pour lequel les ouvrages ont été faits que jusqu'à concurrence de ce dont il se trouve débiteur envers l'entrepreneur au moment où leur action est intentée. (Code civil, 1798.)

Les maçons, charpentiers, serruriers et autres ouvriers qui font directement des marchés à prix faits sont astreints aux règles ci-dessus : ils sont entrepreneurs dans la partie qu'ils traitent. (Code civil, 1799.)

# PÉTITIONS

## Nº 3. — Maison démolie.

Demande en remise pour l'année où a eu lieu la démolition.

Monsieur le Préfet,

J'ai l'honneur de vous exposer que la maison, section A, nº 452, que je possédais à Tours et qui est imposée en mon nom, pour 1890, au rôle de cette commune, a été démolie en totalité dans le courant du mois de juin 1890.

C'est pourquoi je vous prie de prononcer en ma faveur la remise de l'impôt foncier afférent pour les six derniers mois de l'année au revenu cadastral de 75 francs, assigné au bâtiment démoli.

Agréez, etc.

*Observations.* — Cette pétition doit être déposée à la préfecture dans les trois mois qui suivent la démolition.

Si la maison dont il s'agit continue à figurer au rôle de 1891, il est nécessaire de former, dans les trois mois qui suivront la publication du rôle de 1891, une nouvelle pétition conforme au modèle ci-dessous :

## Nº 4. — Maison démolie.

Demande en décharge pour l'année qui suit la démolition.

Monsieur le Préfet,

J'ai l'honneur de vous exposer que la maison,

section A, nº 452, que je possédais à Tours et qui se trouve encore imposée en mon nom, pour 1891, au rôle de cette commune, a été démolie en totalité dans le courant de juin 1890.

C'est pourquoi je vous prie de faire prononcer en ma faveur la décharge de l'impôt foncier afférent pour 1890 au revenu cadastral de 75 francs assigné à cette maison.

Agréez, etc.

### Nº 5. — Maison dont le revenu cadastral est trop élevé.

Monsieur le Préfet,

J'ai l'honneur de vous exposer que je suis imposé, en 1890, au rôle de la commune de .......... pour une maison cadastrée sous le nº 462 de la section A ; que le revenu cadastral de 75 francs qui est attribué à cette propriété se trouve exagéré, eu égard aux revenus assignés aux maisons des sieurs Thibault, Louis ; Dubois, Jules ; ...........

(*Citez les noms des propriétaires de toutes les maisons auxquelles vous entendez comparer la vôtre.*)

et eu égard, en un mot, aux revenus de la généralité des propriétés bâties de la commune.

C'est pourquoi je vous prie, Monsieur le Préfet, de faire ramener à 55 francs le revenu cadastral de ma maison et de prononcer, en ma faveur, la réduction de l'impôt foncier afférent à 27 fr. 50 cent. du revenu cadastral.

Agréez, etc.

(*Signature.*)

*Observations.* — Si vous avez l'intention arrêtée de recourir à la vérification par experts, dans le cas où les avis des agents de l'administration vous seraient défavorables, vous pouvez insérer dans votre demande, avant le mot « agréez, » la mention suivante :

« Dans le cas où il ne serait pas fait droit à ma demande, veuillez prescrire qu'elle soit vérifiée par experts et accepter pour être mon expert le sieur Morel, Pierre, entrepreneur à ............ »

## N° 6. — Maison inhabitée.

Vacance totale et annuelle.

Monsieur le Préfet,

J'ai l'honneur de vous exposer que je suis imposé, art. 52 du rôle de 1885, pour une maison, section H, n° 22; que cette maison, habituellement destinée à la location et qui me procure un loyer de 600 francs, est restée vacante dans sa totalité depuis le 1er janvier 1890 jusqu'au 1er janvier 1891; que cette vacance a eu lieu contre mon gré, vu que je n'ai pas cessé, par les moyens ordinaires de publication, de manifester l'intention de louer.

C'est pourquoi je vous prie, Monsieur le Préfet, de m'accorder, pour une année de vacance comptée du 1er janvier 1890 au 1er janvier 1891, la remise de la contribution foncière afférente au revenu cadastral de 100 francs attribué à la maison objet de ma demande.

Agréez, etc.

### N° 7. — Portes et fenêtres.

Erreur dans le nombre des ouvertures ou suppression d'ouvertures.

Monsieur le Préfet,

J'ai l'honneur de vous exposer que je suis taxé en 1890 au rôle de la commune de .............. pour douze ouvertures, que néanmoins ma maison a huit ouvertures seulement (*ou bien dire suivant le cas*), que néanmoins ma maison n'a plus que huit ouvertures, deux portes et deux fenêtres ayant été supprimées avant le 1er janvier dernier.

Veuillez en conséquence, Monsieur le Préfet, faire prononcer en ma faveur la réduction de la taxe afférente à quatre ouvertures.

Agréez, etc.

### N° 8. — Maison démolie.

En totalité ou en partie.

Servez-vous du n° 3, que vous terminerez ainsi :

« C'est pourquoi je vous prie de m'accorder le dégrèvement de la taxe des douze ouvertures de la maison démolie.

« Agréez, etc. »

### N° 9. — Contribuable imposé dans deux communes, bien que n'ayant de logement meublé que dans une seule.

Monsieur le Préfet,

J'ai l'honneur de vous informer que le 25 juin 1889 j'ai quitté la commune de Veigné pour aller fixer mon domicile à Chambray; qu'il résulte de l'avertissement ci-joint que je suis imposé pour 1891 à la taxe personnelle mobilière au rôle de Chambray, lieu de mon nouveau domicile, et que, néanmoins, je continue à être imposé à la même taxe, pour la même année 1891, au rôle de Veigné où je n'ai pas conservé d'habitation meublée.

Veuillez, en conséquence, faire prononcer en ma faveur la décharge de la somme de ........ francs dont je suis indûment imposé au rôle de Veigné.

Agréez, etc.

### N° 10. — Contribuable ayant quitté la commune longtemps avant la confection du rôle.

Il a droit à la décharge, lors même qu'il ne justifie pas être taxé au lieu de son nouveau domicile.

Monsieur le Préfet,

J'ai l'honneur de vous informer que le 25 juin 1889 jai quitté la commune de Veigné et n'y ai pas conservé de logement meublé; que, néanmoins, je continue à être imposé pour 1890 à la taxe personnelle mobilière au rôle de cette commune, ainsi qu'il résulte de l'avertissement ci-joint.

Veuillez, je vous prie, faire prononcer en ma faveur la décharge de la somme de ....... francs dont je suis indûment imposé.

Agréez, etc.

# FORMULES DE BAUX

## N° 11. — Bail d'une maison.

Entre les soussignés :

Monsieur Dupuy, Paul, propriétaire à Nantes, rue des Anges, 10, d'une part,

Et Monsieur Bouchez, Jean, bijoutier, demeurant à Nantes, rue du Bois, 15, d'autre part,

Il a été dit et convenu ce qui suit :

M. Dupuy, propriétaire d'une maison rue des Anges, donne à loyer pour *trois, six, neuf* ou *douze* années consécutives, au choix du preneur, en prévenant six mois à l'avance, qui commenceront le ............ et finiront le ..........., à M. Bouchez qui accepte, une maison sise à Nantes, rue............., n°..., telle qu'elle se compose et qui consiste en *trois corps de bâtiments de trois étages chacun, avec trois boutiques, etc.* (bien mettre la désignation des locaux loués), laquelle maison M. Bouchez déclare bien connaître pour l'avoir vue et visitée.

Le présent bail est fait aux charges, clauses et conditions suivantes :

1° M. Bouchez s'engage et s'oblige à garnir les lieux loués de meubles, effets mobiliers en quantité suffisante pour répondre des payements du loyer pendant la durée du bail;

2° A entretenir ladite maison pendant le temps de l'occupation, afin de la rendre à la fin du bail comme à son entrée en jouissance, et conformément à l'état des lieux qui sera dressé; à faire toutes les réparations locatives;

3° A supporter les grosses réparations qu'il serait nécessaire de faire, sans pour cela prétendre à une réduction de loyer, ni dommages-intérêts, pourvu toutefois que lesdites réparations n'excèdent pas quarante jours;

4° A acquitter les contributions personnelles et mobilières, et faire en sorte que M. Dupuy ne soit inquiété en aucune façon; à satisfaire à toutes les charges de la ville dont tous les locataires sont tenus;

5° Les frais de vidange sont à la charge de M. Bouchez, ainsi que l'éclairage, le concierge et le curage des puits (s'il y a lieu);

6° A ne pouvoir céder son droit au présent bail sans le consentement exprès du bailleur, sous peine de résiliation si bon en semble à celui-ci;

7° M. Bouchez aura le droit de sous-louer les appartements que renferment les lieux loués, pourvu que ce soit à des personnes qui, par leur état, ne puissent dégrader ou endommager les appartements (*ou locataires incommodes, tels ceux appartenant à un état où l'on se sert de marteaux*); à ne pouvoir faire aucun changement, percement, démolition, construction et autres sans le consentement exprès et par écrit du propriétaire;

8° A laisser à la fin du présent bail toutes les améliorations faites, telles que décorations, armoires, constructions, etc., sans avoir le droit de réclamer aucune indemnité au bailleur.

Il est entendu et convenu que, dans le cas où le bailleur viendrait à vendre ladite maison, l'acquéreur aura le droit de résilier le présent bail en avertissant par écrit, et six mois à l'avance, le preneur, sans que ce dernier puisse prétendre, pour ce fait, à aucune indemnité ni dédommagement.

En outre, le présent bail est fait moyennant un loyer annuel de ..............., que M. Bouchez s'oblige à payer à M. Dupuy, en sa demeure ou à son fondé de pouvoir, en quatre versements égaux, savoir :

Le 1er janvier, le 1er avril, le 1er juillet et le 1er octobre de chaque année; le payement du premier terme aura lieu le 1er avril, et ainsi de suite, de trois mois en trois mois, jusqu'à la fin du présent bail.

A défaut de payement d'un seul terme de loyer, et quinze jours après simple commandement demeuré infructueux, le présent bail sera résilié, si bon semble au bailleur, sans préjudice de tous dommages et intérêts.

Et M. Bouchez a payé à M. Dupuy, qui le reconnaît, la somme de ..........., pour un semestre d'avance qui sera imputable sur les six derniers mois de jouissance, pour que les payements ne soient pas intervertis.

De son côté, M. Dupuy s'engage et s'oblige à tenir M. Bouchez clos et couvert suivant les lois et les usages.

Fait double à ............, le ...........

P. Dupuy. J. Bouchez.

## N° 12. — Bail d'une ferme.

Entre les soussignés :

Monsieur Joseph Deschamps, propriétaire à Montbazon, d'une part,

Et Monsieur Louis Léger, cultivateur à Sorigny, d'autre part,

A été arrêtée la convention suivante :

M. Joseph Deschamps afferme, par le présent bail, pour neuf années consécutives, lesquelles commenceront le ........ et finiront le ......... à M. Louis Léger, les biens ci-après désignés :

(*Indiquer exactement tout ce qui compose la ferme, maison, terrains, prairies, vignes, etc.*)

Desquels biens M. Deschamps ne garantit pas la contenance exacte, M. Léger ayant déclaré les connaitre suffisamment.

Le présent bail est fait moyennant la somme annuelle de ............, que le preneur s'engage à payer chaque année en deux payements égaux, dont le premier sera fait le ............ prochain, le second le ..........., pour être ainsi continués de terme en terme jusqu'à la fin du bail.

Ledit bail est fait, en outre, aux clauses et conditions suivantes :

1° Le preneur tiendra ladite ferme garnie de meubles, fourrage, chevaux, bestiaux et autres objets suffisants pour répondre du fermage et assurer la bonne exploitation de la ferme;

2° Il sera tenu de toutes les réparations locatives, et à l'expiration du bail il devra rendre les lieux conformément à l'état qui en sera dressé par les parties avant l'entrée en jouissance; il sera tenu également de souffrir, sans indemnité ou diminution de prix, les grosses réparations et le transport des matériaux nécessaires;

3° Il labourera, fumera et ensemencera les terres par soles et saisons convenables, sans pouvoir les dessoler ni dessaisonner;

4° Il convertira toutes les pailles en fumier pour l'engrais des terres, sans pouvoir en vendre ou distraire aucune portion, et à la fin du bail il laissera toutes celles qui resteront;

5° Il entretiendra les clôtures, replantera les haies, videra et curera les fossés selon que besoin sera;

6° Il façonnera et cultivera les vignes suivant les usages des lieux, les provignera ou replantera suivant qu'il sera nécessaire;

7° A l'expiration du bail, il rendra les terres en bon état de labourage et culture, et également tous les ustensiles en bon état.

Il est expressément entendu, en outre, que le preneur ne pourra faire ni aucune cession de bail ni aucun sous-bail total ou partiel sans le consentement formel et par écrit du propriétaire.

Fait double à Montbazon, le ...........

Joseph DESCHAMPS. Louis LÉGER.

## N° 13. — Bail d'une maison de campagne.

Entre les soussignés :

Monsieur Paul Dupuy, demeurant à ..........., d'une part,

Et Monsieur Jean Bouchez, bijoutier, demeurant à ............, d'autre part,

Il a été dit et convenu ce qui suit :

M. Dupuy, propriétaire d'une maison sise à Vouvray, donne à loyer pour une année qui commencera le ........... et finira le ............., à

M. Bouchez, qui accepte, une maison de campagne sise à Vouvray, près Tours (Indre-et-Loire), consistant en :

(*Mettre le détail de la maison et de ses dépendances.*)

M. Dupuy loue également à M. Bouchez, qui accepte, les meubles et effets mobiliers qui garnissent la maison, et qui sont détaillés dans un état dressé entre les parties et annexé au présent bail.

Le présent bail est fait aux charges, clauses et conditions suivantes :

1° D'entretenir ladite maison et ses dépendances afin de les rendre, à la fin du présent bail, conformément à l'état qui sera dressé, et faire toutes les réparations locatives;

2° D'entretenir les meubles et effets mobiliers compris dans la présente location, et les rendre à la fin de la jouissance sans autres détériorations que celles résultant d'un usage modéré, sous peine de les remplacer;

3° D'entretenir le jardin, de le cultiver et de le fumer sans en changer la disposition; de tailler les arbres et vignes sans pouvoir, sous aucun prétexte, abattre ou arracher, sous peine de remplacer par des arbres vifs et de même nature ceux qui viendraient à périr pendant le cours du présent bail;

4° D'acquitter toutes les contributions personnelles et mobilières, et de satisfaire à toutes les charges de police, de manière que le bailleur ne soit pas inquiété ;

5° De ne pouvoir céder son droit de bail ni souslouer en tout ou en partie sans le consentement exprès et par écrit du bailleur.

En outre, le présent bail est fait moyennant un

loyer annuel de ..............., que M. Bouchez s'oblige à payer à M. Dupuy, en sa demeure ou à son fondé de pouvoir, en quatre payements et aux époques ordinaires.

A défaut du payement d'un seul terme de loyer et dix jours après un simple commandement demeuré infructueux, le présent bail sera résilié de plein droit, si bon semble au bailleur, sans préjudice de tous dépens et dommages et intérêts.

De son côté, M. Dupuy s'oblige et s'engage à tenir les lieux clos et couverts suivant les lois et les usages.

M. Dupuy reconnaît avoir reçu de M. Bouchez la somme de ............., pour trois mois de loyer payés d'avance, imputables sur les trois derniers mois de jouissance.

Fait double à ............, le ............

P. Dupuy. J. Bouchez.

## N° 14. — Bail d'un moulin.

Entre les soussignés :

Monsieur Simon, propriétaire à Blois, d'une part,

Et Monsieur Bonnet-Combes, meunier à Amboise, d'autre part,

Il a été dit et convenu ce qui suit :

M. Simon loue à M. Bonnet-Combes, acceptant, un moulin sis à ........, sur la rivière de ........, ledit moulin garni des battants, tournants, virants, travaillants et autres ustensiles nécessaires, ensemble plusieurs pièces de terre qui en dépendent et qui contiennent, en totalité, environ quatorze hectares soixante-quinze ares, le tout pour neuf années, qui commenceront le ............... et finiront le ...........

Le preneur déclare connaître suffisamment le moulin et les terres qui en dépendent, lesquelles lui sont louées sans garantie de leur contenance exacte.

Le bail est fait moyennant la somme annuelle de ............, que le preneur s'engage à payer chaque année au domicile du bailleur, en deux payements égaux : le premier sera fait le ........ prochain, le second le ................ pour être ainsi continués de terme en terme jusqu'à la fin du bail.

Il sera fait un état descriptif et estimatif des meules, battants, tournants, virants, travaillants et autres ustensiles qui garnissent actuellement le moulin; le preneur l'entretiendra en bon état de réparations locatives, conformément à cet état, et le rendra tel à la fin du bail. Si à la fin du bail il y a plus-value ou moins-value, les parties se tiendront respectivement compte de la différence.

Le preneur souffrira, sans diminution de prix, les grosses réparations nécessaires au moulin et aux bâtiments y attenant pendant la durée du bail. Si, néanmoins, ces réparations durent plus de quarante jours, le bailleur indemnisera le preneur du préjudice à lui causé par le chômage du moulin.

Le bail des terres du moulin est fait, en outre, aux clauses et conditions suivantes :

(*Voyez le modèle nº 12 pour ces conditions.*)

Il est expressément entendu que le preneur ne

pourra faire aucune cession de bail ni aucun sous-bail, total ou partiel, sans le consentement formel et par écrit du propriétaire.

Fait double à Blois, le vingt-cinq juin mil huit cent quatre-vingt-quatorze.

SIMON. BONNET-COMBES.

## N° 15. — Bail de vignes.

Entre les soussignés :

Monsieur Charles Perrault, entrepreneur à Tours, d'une part,

Et Monsieur Jules Saget, propriétaire à Joué, d'autre part,

Il a été dit et convenu ce qui suit :

M. Perrault afferme à M. Saget, acceptant pour douze années consécutives qui commenceront le 1er janvier et finiront à pareil jour, trois pièces de vignes sises sur le coteau de Vouvray et d'une contenance totale d'environ trois hectares soixante-dix ares, savoir :

Une pièce au lieu dit « les Ajoncs, » tenant à ............., etc., et contenant environ un hectare cinquante ares;

Une au lieu dit « la Grande-Fosse, » tenant à ............., etc.. et contenant environ un hectare vingt-cinq ares;

Une au lieu dit « la Petite-Côte, » tenant à ............., etc., et contenant environ quatre-vingt-quinze ares.

M. Perrault ne garantit pas la contenance exacte

desdites pièces de vignes, M. Saget ayant déclaré les connaître suffisamment.

Le présent bail est fait moyennant la somme annuelle de mille quatre cents francs payable tous les ans, le 1er janvier, au domicile du bailleur.

Le présent bail est fait, en outre, aux clauses et conditions suivantes :

1º Le preneur cultivera et façonnera les vignes en temps et saisons convenables, les provignera quand il sera nécessaire, les garnira complètement d'échalas, les fumera suffisamment et ne les chargera pas d'une manière excessive au préjudice du fonds ;

2º Il entretiendra les espaliers qui se trouvent dans lesdites vignes, les taillera en saison convenable et remplacera ceux qui viendront à périr ;

3º Il livrera annuellement à M. Perrault, en sa demeure et à l'époque des vendanges, une corbeille de raisins noirs et une corbeille de raisins blancs choisis parmi les plus mûrs (fixer le poids de chaque corbeille) ;

4º Il payera l'impôt foncier pendant la durée du bail.

Fait double à Tours, le ...........

Charles PERRAULT.　　　Jules SAGET.

## Nº 16. — Bail à colonage partiaire ou à partage de fruits.

Entre les soussignés :

Monsieur Armand Joulin, propriétaire à Saumur, d'une part,

Et Monsieur Émile Girod, cultivateur à Langeais, d'autre part,

Il a été dit et convenu ce qui suit :

M. Armand Joulin donne, à titre de bail à partage de fruits, et pour neuf années consécutives, lesquelles commenceront le .................... et finiront le ................, à M. Émile Girod, acceptant, les biens ci-après désignés :

(*Indiquer exactement ce qui compose la métairie : maisons, terrains, prairies, vignes, etc.*)

M. Girod déclare bien connaître lesdits biens et n'avoir pas besoin de désignations plus amples ou plus détaillées.

Le bail est fait aux clauses et conditions suivantes :

1° Le bailleur et le preneur fourniront chacun la moitié des semences ;

2° Les pailles et fourrages récoltés seront employés à la nourriture des bestiaux, et, en cas d'insuffisance, le surplus sera acheté à frais communs;

3° Le preneur engrangera les récoltes dans les bâtiments, s'il y a lieu, et à ses frais. Toutes les opérations des récoltes, sciage, battage, vannage, criblage, transports, vendanges, etc., seront également à ses frais;

4° Toutes les récoltes seront partagées par moitié entre M. Joulin et M. Girod. Ce partage sera fait : pour les grains, sur l'aire, au poids; et pour les autres récoltes elles seront partagées aussitôt qu'elles seront recueillies;

5° Les récoltes revenant au bailleur seront charriées à son domicile aux frais du preneur, immédiatement après le partage;

6° Pour que le bailleur puisse assister ou se faire

représenter à toutes les opérations des récoltes, il en sera prévenu au moins trois jours à l'avance;

7° Le preneur ensemencera chaque année au moins *tant* d'hectolitres de blé froment de première qualité;

8° Il payera toutes les contributions foncières et autres établies sur la métairie.

Fait double à Saumur, le vingt-cinq novembre mil huit cent quatre-vingt-quatorze.

Armand JOULIN. Émile GIROD.

OBSERVATIONS. — *S'il y a un cheptel attaché à la métairie, voyez pour les clauses de ce cheptel la formule n° 20, et rédigez-les à la suite de ce bail.*

## N° 17. — Bail à cheptel simple.

Entre les soussignés :

Monsieur Pierre Bonin, propriétaire, demeurant à Laval, d'une part,

Et Monsieur Jean Lemaire, cultivateur, demeurant à Redon, d'autre part,

Il a été dit et convenu ce qui suit :

M. Bonin donne à M. Lemaire, acceptant à titre de cheptel simple, pour six années consécutives à partir de ce jour, le fonds de bétail ci-après désigné, savoir :

Trois vaches sous poil noir, dont une tachetée de blanc, une autre tachetée de rouge, et la troisième tachetée de blanc et rouge, âgées d'environ quatre ans et estimées chacune ........... francs, etc.

(*Désigner chaque bête en faisant connaître son âge, son poil, sa valeur.*)

Ce qui porte la valeur totale du fonds de bétail à ......... francs.

Duquel fonds de bétail M. Lemaire a été mis en possession pour profiter seul des laitages, du fumier et du travail des animaux, et partager la laine et le croît avec M. Bonin.

Le présent est fait en outre aux clauses et conditions suivantes :

1° M. Lemaire logera et soignera en bon père de famille les animaux à lui confiés;

2° Il ne pourra disposer d'aucune bête du troupeau, soit du fonds, soit du croît, pour les vendre ou déplacer de quelque manière que ce soit, sans le consentement du bailleur, sous peine de dommages-intérêts;

3° Il ne sera fait aucune tonte sans en prévenir le bailleur trois jours au moins à l'avance;

4° A la fin du bail. il sera fait une nouvelle estimation du cheptel par trois experts que, d'ici à cette époque, les parties aviseront à nommer. Le bailleur prélèvera des bêtes de chaque espèce jusqu'à concurrence de la première estimation. L'excédent se partagera par moitié;

5° Chaque partie pourra, dans le courant de chaque année, demander le partage des croîts. A cet effet, on commencera par remplacer par le croît existant ce que le bétail aura perdu en valeur, et le surplus de ce croît sera partagé;

6° Si le cheptel périt en entier sans la faute du preneur, la perte en sera pour le bailleur. S'il périt en partie sans la faute du preneur, la perte sera supportée par moitié entre le bailleur et le preneur, au moyen du remplacement des bestiaux manquants par le croît, de manière que le surplus du croît soit partagé. Si le croît n'est pas suffisant pour couvrir la part du preneur dans la perte du cheptel, il payera le déficit en argent; *ou, au contraire,* dans tous les cas, le cheptelier ne remplacera les animaux qui auront péri que jusqu'à concurrence du croît;

7° Si quelques bêtes périssent, se perdent ou sont estropiées par la faute ou l'imprudence du preneur ou de ses gens, le preneur payera au bailleur aussitôt après la perte la somme de ......... pour chaque vache, et la somme de ............ pour chaque brebis;

8° Dans tous les cas, le preneur sera tenu de représenter les peaux des bêtes, à moins qu'une maladie épizootique n'ait obligé d'enfouir l'animal avec sa peau, ou que le preneur ne donne toute autre raison valable de l'impossibilité où il est de représenter les peaux.

Fait double à Laval, le ...........

P. Bonin. J. Lemaire.

## N° 18. — Cheptel à moitié.

Entre les soussignés :

Monsieur Joseph Prin, propriétaire, demeurant à Amiens, d'une part,

Et Monsieur Auguste Lenoir, cultivateur, demeurant à ..........., d'autre part,

Il a été dit et convenu ce qui suit :

M. Prin donne à M. Lenoir, acceptant à titre de

cheptel à moitié, pour douze années consécutives à partir de ce jour, les bestiaux dont le détail suit :

(*Désigner ici les bestiaux en question.*)

pour ces bestiaux être réunis à ceux de M. Lenoir, dont le détail suit :

(*Désigner ici ces bestiaux.*)

et ne former ensemble qu'un fonds de bétail commun aux deux parties.

Duquel fonds de bétail M. Lenoir a été mis en possession pour profiter seul des laitages, du fumier et du travail des animaux, et partager la laine et le croît avec M. Prin.

Le présent bail est fait en outre aux clauses et conditions suivantes :

1° M. Lenoir logera, nourrira et soignera en bon père de famille les animaux à lui confiés ;

2° Il ne pourra disposer d'aucune bête du troupeau, soit du fonds, soit du croît, pour la vendre ou la déplacer, sans le consentement de M. Prin, sous peine de dommages-intérêts ;

3° Il ne fera aucune tonte sans en prévenir le bailleur trois jours à l'avance ;

4° La valeur totale du cheptel est estimée à la somme de .............. A la fin du bail, il sera fait une nouvelle estimation du cheptel par trois experts que, d'ici à cette époque, les parties aviseront à nommer. Les experts composeront ensuite du fonds de bétail, deux lots qui seront tirés au sort par les parties ;

5° Chaque partie pourra, dans le courant de chaque année, demander le partage des croîts. A cet effet, on commencera par remplacer par le croît existant ce que le bétail aura perdu en valeur, et le surplus de ce croît sera partagé :

6° Si le cheptel périt en entier ou en partie sans la faute du preneur, celui-ci ne devra aucune indemnité au bailleur, et le partage, en cas de perte partielle, par cas fortuit, se fera à la fin du bail (*comme il a été dit ci-dessus au n° 4*) ;

7° Si quelques bêtes périssent, se perdent ou sont estropiées par la faute ou l'imprudence du preneur ou de ses gens, le preneur payera au bailleur, aussitôt après la perte, la somme de ........ pour chaque vache, et la somme de .............. pour chaque brebis ;

8° Dans tous les cas, le preneur sera tenu de représenter les peaux des bêtes, à moins qu'une maladie épizootique n'ait obligé d'enfouir l'animal avec sa peau, ou que le preneur ne donne toute autre raison valable de l'impossibilité où il est de représenter les peaux.

Fait double à Amiens, le ...........

J. Prin. A. Lenoir.

## N° 19. — Cheptel donné au fermier ou cheptel de fer.

Entre les soussignés :

Monsieur Joseph Prin, propriétaire, demeurant à Amiens, d'une part,

Et Monsieur Auguste Lenoir, cultivateur, demeurant à ............, d'autre part,

Il a été dit et convenu ce qui suit :

M. Auguste Lenoir, fermier d'un terrain appartenant à M. Prin, suivant acte en date du ........, jouira à titre de cheptel de fer, pendant la durée de son bail, des animaux attachés à la ferme et ci-après désignés :

(*Désigner et estimer ici ces animaux.*)

La valeur du cheptel a été fixée à la somme de .............., et à la fin du bail le preneur devra laisser un fonds de bétail de même nature et de même valeur, d'après l'estimation qui en sera faite par trois experts nommés par les parties.

Le preneur nourrira et soignera à ses frais lesdits animaux, et ne pourra s'en servir que pour la culture des terres de la métairie. Tous les croits et profits du cheptel lui appartiendront, mais il devra employer les fumiers à l'engrais des terres de la métairie, sans pouvoir en vendre ou en distraire aucune partie.

La perte du cheptel, même totale et par cas fortuit, sera pour le preneur.

Fait double à Amiens, le ...........

J. Prin. A Lenoir.

Nota. — Le cheptel de fer est un accessoire du bail à ferme et se rédige à la suite de ce bail ; il n'est dès lors soumis à aucun droit particulier d'enregistrement.

### N° 20. — Cheptel donné au colon partiaire.

Entre les soussignés :

Monsieur Joseph Prin, propriétaire, demeurant à Amiens, d'une part,

Et Monsieur Auguste Lenoir, cultivateur, demeurant à ............, d'autre part,

Il a été dit et convenu ce qui suit :

M. Lenoir, colon partiaire d'une métairie appartenant à M. Prin, suivant acte en date du ........, jouira à titre de cheptel, pendant la durée de son bail, des animaux attachés à la métairie et ci-après désignés :

(*Désigner et estimer ici ces animaux.*)
ce qui porte la valeur totale du fonds de bétail à ............ francs.

(*Continuer cet acte en suivant la formule n° 18, à partir de ces mots :* Duquel fonds de bétail M. Lenoir, etc. *Seulement on pourra introduire ici les clauses suivantes prohibées dans le cheptel simple.*)

Le colon délaissera au bailleur sa part de la toison à un prix inférieur à la valeur ordinaire; le bailleur aura une plus grande part du profit; il aura la moitié des laitages.

(*Terminer comme au n° 16.*)

Fait double à Amiens, le ............

J. Prin. A. Lenoir.

## N° 21. — Bail de bestiaux.

Entre les soussignés :

Monsieur Joseph Prin, propriétaire, demeurant à ............, d'une part,

Et Monsieur Auguste Lenoir, cultivateur, demeurant à ............, d'autre part,

Il a été dit et convenu ce qui suit :

M. Prin livre à M. Lenoir, acceptant, dix-neuf vaches laitières, dont la désignation et l'estimation suivent :

(*Faire connaître ici l'âge, le poil et la valeur de ces animaux.*)

M. Lenoir nourrira et logera lesdites vaches pendant six ans, à partir d'aujourd'hui. Il aura le laitage et le fumier ; il devra fournir la paille destinée à la litière ; *ou bien :* il aura le laitage, le fumier appartiendra à M. Prin qui fournira la litière.

M. Prin aura le profit des veaux qui naîtront, et pourra les laisser auprès de la mère jusqu'à ce qu'ils aient atteint l'âge de six semaines, si mieux il n'aime les retirer plus tôt ; pendant ces six semaines, M. Lenoir devra laisser aux veaux la quantité de lait suffisante pour les nourrir.

M. Lenoir aura pour les vaches les soins d'un bon père de famille ; si, par sa faute, une ou plusieurs d'entre elles viennent à périr, il en payera immédiatement la valeur au propriétaire, suivant l'estimation ci-dessus. Si une ou plusieurs vaches périssent sans la faute de M. Lenoir, la perte sera pour le propriétaire, à la charge, par M. Lenoir, de prouver le cas fortuit et de représenter les peaux, ou de justifier de l'impossibilité de les présenter.

M. Lenoir ne pourra céder à personne les droits de jouissance stipulés à son profit par les présentes sans le consentement exprès et par écrit de M. Prin.

Fait double à ..........., le ...........

J. Prin. A. Lenoir.

# LOCATIONS

## N° 22. — Location d'appartement, d'atelier, d'écurie, etc.

Entre les soussignés :

Monsieur Dupuy, Paul, propriétaire, demeurant à ............ d'une part,

Et Monsieur Jean Bouchez, bijoutier, demeurant à ............, d'autre part,

Il a été convenu ce qui suit :

M. Dupuy, propriétaire d'une maison sise à Nantes, rue de ............, n° 15, donne à loyer à M. Bouchez, qui accepte (*soit un appartement, boutique, magasin, atelier ou écurie*), situé *à telle place*, dans ladite maison, qui est éclairé par dix-huit croisées et comprenant :

(*Dire la distribution.*)

Moyennant un loyer annuel de .............., payable de trois mois en trois mois aux époques ordinaires (*ou à telle époque si elle est fixée*). Il est convenu aussi que M. Dupuy et M. Bouchez auront le droit de rompre la présente location au moyen d'un congé (*dire combien avant*).

M. Dupuy s'engage et s'oblige à livrer les lieux loués à M. Bouchez clos et couverts, selon les loi et les usages.

M. Bouchez s'engage à garnir les lieux loués de meubles en quantité suffisante pour répondre du loyer.

Fait double à ..........., le ...........

P. Dupuy. J. Bouchez.

## N° 23. — Location d'un appartement meublé.

Entre les soussignés :

Monsieur Dupuy, Paul, propriétaire, demeurant à ..........., d'une part,

Et M. Bouchez, Jean, demeurant à ..........., d'autre part,

Il a été dit et convenu ce qui suit :

M. Dupuy donne à loyer à M. Bouchez, qui accepte, un appartement garni de meubles, dont l'état est annexé aux présentes conventions, lequel appartement est situé au deuxième étage, à droite d'une maison sise à Nantes, rue .........., n° 25, et composée de sept chambres, cabinet de toilette, deux salons, salle à manger, cuisine (*en un mot le détail*).

M. Bouchez s'engage et s'oblige :

1° A entretenir ledit appartement et ses dépendances; à faire les réparations locatives et les laisser, à la fin de sa jouissance, conformes à l'état des lieux qui sera dressé;

2° A entretenir en bon état les meubles, à l'effet de les rendre, à l'expiration de la jouissance, sans autres détériorations que celles qui résultent d'un usage modéré, sous peine de les remplacer.

De son côté, M. Dupuy s'engage et s'oblige à tenir M. Bouchez clos et couvert, suivant les usages.

La location est faite moyennant un loyer de ........... par mois.

M. Dupuy reconnaît avoir reçu de M. Bouchez

la somme de ................ pour un mois payé d'avance, imputable sur le dernier mois de jouissance.

Fait double à ............, le ............

P. DUPUY. J. BOUCHEZ.

### N° 24. — Location, Bail de meubles.

Entre les soussignés :

M. Alfred Tellier, marchand de meubles à Tours, rue ............, d'une part,

Et Monsieur Jean Bouchez, bijoutier, demeurant à Tours, rue ............. d'autre part,

Il a été dit et convenu ce qui suit :

M. Tellier donne à loyer pour un an, qui commence à partir du 15 janvier 18..., pour finir le 15 janvier 18..., à M. Bouchez, qui accepte, les meubles dont le détail suit :

(*Mettre et bien détailler les meubles et leur état.*)

Ces meubles, qui sont délivrés dans leur état actuel, seront transportés par M. Tellier et à ses frais dans l'appartement qu'occupe M. Bouchez, dans la maison sise à ........., rue de ........, n° 40.

Le présent bail est fait aux charges et conditions suivantes, sans avoir à prétendre à aucune indemnité, savoir :

1° De faire usage des meubles loués d'après leur destination et de les rendre à la fin du présent bail sans autres détériorations que celles provenant d'un usage modéré ;

2° De ne pouvoir les sortir de l'appartement ci-dessus désigné sans le consentement exprès et par écrit du bailleur.

En outre, le présent bail est fait moyennant la somme de ........... pour un an, que le preneur s'engage et s'oblige à payer au bailleur, en sa demande ou à son fondé de pouvoir, en quatre versements égaux, de trois mois en trois mois, à partir du ............

M. Tellier reconnait que M. Bouchez lui a payé la somme de ............ pour trois mois de loyer d'avance imputables sur les trois derniers mois de jouissance du présent bail.

En outre, pour la sécurité de M. Tellier, le présent bail sera, après avoir été enregistré par M. Bouchez, notifié à M. Dupuy, propriétaire de ladite maison, située à Tours, rue ............., n° 40. Avant la délivrance et le transport des meubles dans ladite maison, il lui sera déclaré par M. Dupuy, propriétaire de la maison, qu'il reconnait n'avoir aucun privilège sur les meubles loués par M. Tellier à M. Bouchez.

Fait double entre les soussignés, à ............, le ............

A. Tellier. J. Bouchez.

## N° 25. — État des lieux pour une maison.

Entre les soussignés :

Monsieur Paul Dupuy, propriétaire d'une maison sise à ............ d'une part,

Et Monsieur Jean Bouchez, locataire d'un appartement dans ladite maison en vertu d'un bail, d'autre part,

Après avoir pris connaissance dudit appartement et l'avoir examiné dans toutes ses parties, nous avons constaté ce qui suit :

Ledit appartement est situé au deuxième étage au-dessus de l'entresol, à gauche; on y entre par une porte à deux battants avec chambranles et contre-chambranles; cette porte est fermée par une serrure de sûreté avec deux clefs.

*Antichambre.*

L'antichambre est éclairée par une fenêtre de 2m10 sur 1m90, comprenant huit carreaux; elle prend jour sur une cour, quatre portes y aboutissent : la première va au salon, la deuxième au petit salon, la troisième à la salle à manger et la quatrième dans un couloir de dégagement qui communique lui-même avec les chambres, etc.

(*Mettre le détail pièce par pièce, bien mentionner en quel état se trouvent les cheminées, les glaces, en un mot ne rien omettre. Le genre de carrelage et les parquets doivent aussi être indiqués.*)

Fait double à ..........., le ...........

P. Dupuy. J. Bouchez.

## N° 26. — État des lieux pour une boutique.

(*Mettre comme au commencement de l'acte ci-dessus.*)

Ladite boutique et ses dépendances se composent de ce qui suit, savoir :

La principale pièce, qui est la boutique, a seize mètres sur douze et a son entrée sur la place Victoire par une porte qui mesure (*décrire la présente porte*); la boutique est close au moyen d'une fermeture dite ........., se fixant avec .........

Le parterre est carrelé en mosaïque en bon état. Les cloisons n'ont aucun revêtement non plus que les murs (ou ils sont tapissés en papier, etc.), et la porte qui communique avec l'arrière-boutique est une porte en chêne pleine, recouverte de couleurs.

*Arrière-boutique.*

L'arrière-boutique, qui a dix mètres sur sept, communique avec la boutique par la porte ci-dessus détaillée; elle est éclairée par quatre croisées qui prennent jour sur la cour et une porte de sortie sur ladite cour. Cette porte est en (*bien mettre le détail*).

*Pièces à l'entresol.*

On communique avec l'entresol par un escalier en pierre qui prend naissance dans l'arrière-boutique (*le décrire; mettre comment on accède aux pièces de l'entresol, s'il y a un carré, un vestibule; dire comment ils sont éclairés, etc. Lorsqu'on a bien détaillé sans rien oublier, on met :*)

Fait double, certifié véritable, à .............., le ...........

*Signature :* *Signature :*

## N° 27. — Congé donné par le locataire.

Entre les soussignés :

Monsieur Paul Dupuy, demeurant à ........... d'une part,

Et Monsieur Bouchez, Jean, bijoutier, demeurant à ..........., d'autre part,

Il a été dit et convenu ce qui suit :

M. Bouchez, Jean, donne, par le présent, congé à M. Dupuy, propriétaire de l'appartement qu'il occupe dans ladite maison, pour le ............. époque à laquelle M. Bouchez s'oblige à sortir des lieux, à acquitter les termes de loyer alors échus, à faire les réparations locatives s'il y a lieu, à justifier de l'acquit des contributions et à remettre les clefs.

M. Dupuy accepte le présent congé pour ladite époque et aux conditions ci-dessus énoncées.

Fait double à ..........., le ...........

*Signatures :*

## N° 28. — Congé donné par le propriétaire.

(*Exactement comme ci-dessus, mais mettre à la place :*)

M. Dupuy, propriétaire, donne, par le présent acte, congé à M. Bouchez, locataire de l'appartement ou boutique, etc.

## N° 29. — Décharge d'une remise des clefs.

Je soussigné (*propriétaire ou principal locataire*) d'une maison située rue ..........., n° 30, reconnais que M. Bouchez, locataire (*d'un appartement ou d'une boutique*), m'en a remis les clefs et qu'il a, en outre, satisfait à toutes les obligations auxquelles tous les locataires sont généralement tenus; en conséquence de quoi je le tiens quitte et le décharge de toutes choses relatives à la location.

Tours, le ............ 1894.

*Signature :*

## N° 30. — Continuation d'un bail.

Entre les soussignés :

Monsieur Jules Berchotte, demeurant à Bordeaux, rue Nationale, 41,

Et Monsieur Charles Legay, avoué, demeurant à Bordeaux, rue du Général-Jameron, n° 10,

A été faite la convention suivante :

Le bail passé entre les soussignés, à la date du 20 janvier 1888, par lequel M. Jules Berchotte a donné à loyer une maison à M. Charles Legay, à partir du 15 mars de la même année, pour trois, six ou neuf ans, lequel bail expire le 15 mars mil huit cent quatre-vingt-quatorze, est renouvelé dans les mêmes conditions à partir dudit 15 mars mil huit cent quatre-vingt-quatorze, également pour trois, six ou neuf années.

Fait double à Bordeaux, le vingt janvier mil huit cent quatre-vingt-quatorze.

J. BERCHOTTE. Ch. LEGAY.

## N° 31. — Cession d'un bail.

Entre les soussignés :

Monsieur Charles Legay, avoué, demeurant à Bordeaux, rue du Général-Jameron, 10,

Et Monsieur Joseph Ricard, négociant, demeurant à Bordeaux, rue du Puits, 14,

A été faite la convention suivante :

M. Charles Legay cède à M. Joseph Ricard, acceptant, son droit au bail de la maison sise rue du Général-Jameron, 10, pour le temps qui reste à courir.

Ledit bail a été fait à M. Charles Legay par M. Jules Berchotte, propriétaire de la maison dont il s'agit, et demeurant à Bordeaux, rue d'Entraigues, 10, pour trois, six ou neuf années consécutives, au choix des parties, moyennant avertissement préalable de six mois avec l'expiration de chaque période triennale. Ledit bail, suivant acte sous-seing privé en date du treize février mil huit cent quatre-vingt-huit, a commencé à courir le 15 mars de la même année. Il a été consenti moyennant la somme annuelle de neuf mille francs, payables en quatre payements égaux de trois mois en trois mois.

Le preneur s'est engagé :

1° A garnir la maison de meubles suffisants pour garantir du loyer ;

2° A rendre la maison en bon état de réparations locatives, conformément à l'état dressé entre les parties;

3° A souffrir les grosses réparations nécessaires pendant la durée du bail, sans prétendre à aucune indemnité ou diminution de prix;

4° A payer les contributions personnelles et mobilières et celles des portes et fenêtres;

5° A ne faire aucun percement de mur, changement ou distribution nouvelle sans le consentement exprès et par écrit du propriétaire;

6° A exécuter pour le temps qui reste à courir les baux existants;

7° A satisfaire à toutes les charges dont les locataires sont ordinairement tenus.

Le preneur s'est engagé, en outre, à ne pouvoir céder le bail ni sous-louer, en tout ou en partie, sans le consentement exprès et par écrit du propriétaire. Celui-ci s'est réservé le droit de résilier ledit bail sans payer aucun dommage et intérêt dans le cas où il vendrait la maison, et aussi dans le cas où il viendrait l'habiter lui-même, et ce en avertissant le preneur six mois à l'avance.

M. Joseph Ricard, devenant par les présentes cessionnaire dudit bail, entrera en jouissance le vingt-cinq juin mil huit cent quatre-vingt-quatorze.

Il s'engage à se conformer scrupuleusement à toutes les clauses et conditions dudit bail et à payer exactement le propriétaire aux époques convenues.

Il a remis aujourd'hui à M. Charles Legay, qui le reconnait, une somme de quatre mille cinq cents francs que ce dernier avait payée à M. Jules Berchotte, au commencement du bail, pour six mois d'avance imputables sur les six derniers mois de jouissance.

Est intervenu à la présente cession de bail M. Jules Berchotte, propriétaire de la maison. Il a déclaré agréer comme cessionnaire M. Joseph Ricard, qui fera par la suite les payements de loyer et recevra quittance, tant pour le payement des loyers que pour l'exécution des clauses et conditions du bail.

M. Jules Berchotte, en autorisant la présente cession, n'entend pas par là permettre à M. Joseph Ricard de céder lui-même ses droits au bail; toute cession nouvelle ou sous-location totale ou partielle devra, au contraire, être autorisée par M. Berchotte expressément et par écrit triple.

Fait à Bordeaux, le vingt avril mil huit cent quatre-vingt-quatorze.

Ch. LEGAY. J. RICARD. J. BERCHOTTE.

## N° 32. — Désistement de l'exécution d'un bail.

Entre les soussignés :

Monsieur Jules Berchotte, demeurant à Orléans, rue d'Entraigues, 10,

Et Monsieur Charles Legay, avoué, demeurant à Orléans, rue du Général-Jameron, 10,

A été faite la convention suivante :

Les soussignés déclarent d'un commun accord se désister l'un et l'autre de l'exécution du bail à loyer passé entre eux le treize février mil huit cent quatre-vingt-quatorze, par lequel M. Jules Berchotte donnait à loyer à M. Charles Legay une maison sise à Orléans, rue du Général-Jameron, 10, pour trois, six ou neuf ans; en conséquence, ledit bail est annulé à partir du 1er octobre prochain, à la charge par le preneur, en vidant les lieux audit jour, de les rendre en bon état et de payer ce qui restera dû des loyers.

Fait double à ............, le quinze août mil huit cent quatre-vingt-quatorze.

J. Berchotte. C. Legay.

### N° 33. — Enregistrement.

Baux à loyer, à ferme et à cheptel, 20 centimes par 100 francs sur le prix cumulé de toutes les années.

Si le bail est de plus de trois ans, et si les parties le requièrent, le payement des droits peut être fractionné par périodes triennales; celui de la première partie est payé au moment de l'enregistrement de l'acte ou de la déclaration, et celui des périodes subséquentes doit avoir lieu dans le premier mois qui commencera chaque période. (Loi du 23 août 1871, art. 11, § 7.)

Les locations verbales sont assujetties aux mêmes droits que les baux écrits; elles sont soumises à une déclaration estimative et détaillée dans les trois mois de l'entrée en jouissance, laquelle déclaration doit être faite par le bailleur qui est tenu du payement des droits, sauf son recours contre le preneur. (Loi du 23 août 1871, art. 11, et loi du 28 février 1872, art. 6.)

Cessions de baux et sous-locations, 20 centimes par 100 francs, comme pour les baux.

Prorogations de baux, 20 centimes par 100 francs sur le prix cumulé des années qui restent à courir.

Cautionnements de baux, 10 centimes par 100 francs.

Congé : droit fixe de 3 francs.

Quittances de loyer : 50 centimes par 100 francs.

Louages de domestiques et d'ouvriers : même droit d'enregistrement que les autres baux, c'est-à-dire 20 centimes par 100 francs.

Contrats d'apprentissage, lors même qu'ils contiendraient des obligations de somme ou valeurs mobilières et quittances : droit fixe de 1 fr. 50 cent.

Devis : droit fixe de 3 francs.

Marchés : droit proportionnel de 1 franc par 100 francs sur le prix du marché.

## ÉCHANGES

### N° 34. — Échange d'immeubles.

Entre les soussignés :

Monsieur Léon Bernin, propriétaire à ........,

Et Monsieur Jean Rivault, propriétaire à .......,

Il a été dit et convenu ce qui suit :

M. Léon Bernin cède, à titre d'échange, à M. Jean Rivault acceptant, une pièce de terre en nature de prairie de la contenance de .... hectares environ, sise à ..........., entre M. Pierre Petit, au nord; Antoine Dubreuil, au levant; Charles Leblanc, au couchant, et Octave Mureau, au midi; laquelle pièce de terre il avait acquise de M. Théodore Berton, par contrat passé devant M. Auguste Barré, notaire à ..........;

Et M. Jean Rivault cède, à titre de contre-échange, à M. Léon Bernin, une vigne de la contenance de ...... hectares, sise à ......., tenant au nord à .........., etc., laquelle vigne il avait acquise de M. Léopold Neau, par contrat passé devant M. Aristide Feuillet, notaire à ...........

M. Léon Bernin et M. Jean Rivault opèrent le présent échange sans se garantir l'un à l'autre la contenance exacte, non plus que le revenu des deux immeubles.

Ledit échange est fait sans soulte ni retour (ou bien ledit échange est fait moyennant une somme de mille francs payée par M. Jean Rivault, dont quittance.)

Les échangistes se sont remis mutuellement les titres des immeubles cédés en échange, et à partir de ce jour ils jouiront en toute propriété desdits immeubles.

Ils s'obligent réciproquement, chacun pour ce qui le concerne, à remplir chacun à ses frais, dans le délai de quatre mois, les formalités de la transcription et de la purge des hypothèques. En cas d'inscription du fait des contractants ou de leurs auteurs, le copermutant du chef duquel elle procède s'oblige à la radiation, dans le mois, de la notification qui lui en aura été faite; à garantir l'autre et à l'indemniser de tous frais autres que les frais ordinaires de transcription et d'exposition au tableau de l'auditoire du tribunal civil s'il y a lieu.

Fait double à .........., le ..........

L. Bernin. J. Rivault.

### N° 35. — Échange d'objets : bestiaux, meubles, etc.

Entre les soussignés :

Monsieur Auguste Vialle, cultivateur, à ........,

Et Monsieur Louis Barroux, propriétaire à .....,

Il a été dit et convenu ce qui suit :

M. Auguste Vialle cède, à titre d'échange, à M. Louis Barroux, acceptant, une vache sous poil blanc, âgée de quatre ans ;

Et M. Vialle accepte en retour une vache sous poil gris, âgée de neuf ans.

Le présent échange est fait sans soulte ni retour (ou moyennant une soulte de ............ payée comptant par M. Vialle, dont quittance).

Fait double, le ...........

A. Vialle. L. Barroux.

## BORNAGE

### N° 36. — Bornage à l'amiable.

Quand les parties sont d'accord pour procéder au bornage et qu'elles sont maîtresses de leurs droits, le bornage peut se faire à l'amiable et se constater par acte sous-seing privé sans qu'il soit besoin, comme autrefois, de recourir à aucune formalité judiciaire.

Les parties peuvent procéder elles-mêmes au bornage ou y faire procéder par un ou plusieurs experts-arpenteurs nommés par elles. L'arpenteur s'occupera d'abord de l'examen des titres et ensuite déterminera l'étendue des propriétés d'après ces titres et la reconnaissance des anciennes bornes, s'il en existe. Enfin il posera les bornes nouvelles et dressera un acte de bornage désignant exactement la place des bornes établies. Cet acte de bornage, revêtu de l'approbation et de la signature des parties, fera foi pleine et entière de son contenu, comme tout acte synallagmatique, il devra être rédigé en autant d'originaux qu'il y aura de parties.

On entend par bornes tout ce qui est propre à servir de limite; ainsi un cours d'eau, un mur, un chemin, sont des bornes. A défaut de limites de cette nature, on prend pour bornes des pierres d'une certaine dimension que l'on enfonce dans la terre et qui dépassent un peu le niveau du sol; on les entoure par le pied d'autres pierres plus petites qui puissent au besoin faire reconnaître la borne. Les bornes sont censées liées par des lignes droites qui déterminent les limites de la propriété.

L'acte de bornage doit contenir le nom des parties et de l'expert, les pouvoirs en vertu desquels celui-ci opère, la date de l'opération, la sentence et les confins des propriétés, enfin le nombre, la nature et la situation des bornes.

## N° 37. — Bornage Judiciaire.

Quand les parties ne sont pas d'accord pour procéder au bornage, ou quand elles ne sont pas maîtresses de leurs droits, elles sont forcées de recourir à la justice.

Les juges de paix sont compétents sur les questions de bornage toutes les fois que la propriété ou les titres qui l'établissent ne sont pas contestés. Ils sont encore compétents sur les questions en rétablissement des bornes déplacées dans l'année, que la propriété soit ou non contestée, car c'est là une action possessoire, et les actions possessoires sont de la compétence des juges de paix.

En dehors de ces cas, le juge de paix ne pourrait rendre qu'un jugement d'incompétence, et c'est au tribunal de première instance qu'il faudrait alors s'adresser.

Lorsqu'en procédant à l'arpentage on trouve une quantité plus grande ou plus petite que l'étendue énoncée aux titres, chacun des propriétaires reçoit un excédent ou subit une diminution proportionnellement à l'étendue de sa propriété.

## N° 38. — Formules de bornage. Nomination d'experts-arpenteurs.

Entre les soussignés :

Monsieur André Nuss, demeurant à ..........,

Et Monsieur Auguste Gauthier, demeurant à ...,

Il a été dit et convenu ce qui suit :

M. André Nuss et M. Auguste Gauthier sont propriétaires de deux pièces de terre voisines, sises à .........., canton de .........., arrondissement de .........., département de ..........

La pièce de terre appartenant à M. Nuss tient, du levant, à ..........; du midi, à ..........; du couchant, à ..........; du nord, à .......... La pièce de terre appartenant à M. Gauthier tient, du levant, à .........., etc.

Ces deux propriétés se trouvant aujourd'hui sans délimitation précise, MM. Nuss et Gauthier ont résolu de les faire borner, et, à cet effet, ils ont choisi d'un commun accord, comme expert-arpenteur, M. Antoine Brun, qui, acceptant la mission à lui confiée, s'est chargé d'examiner les titres, de faire la reconnaissance des anciennes bornes, d'arpenter et borner lesdites propriétés et de dresser procès-verbal du bornage en présence des parties.

M. Nuss et M. Gauthier s'engagent à s'en rapporter à la décision de l'expert, qui sera en dernier ressort et sans appel.

Fait triple à ..........., le ...........

A. Nuss. A. Gauthier. A. Brun.

### N° 39. — Procès-verbal de bornage.

Nous, soussigné, Antoine Brun, géomètre-arpenteur, demeurant à ........., choisi d'un commun accord comme expert-arpenteur par MM. André Nuss et Auguste Gauthier, suivant acte sous-seing privé en date du ............., avons, ainsi qu'il va être expliqué, procédé au bornage de deux pièces de terre contiguës, appartenant aux susnommés et sise sur le territoire de la commune de ............

La pièce de terre appartenant à M. Nuss tient, du levant, à ..........; du midi, à ...........; du couchant, à ..........; du nord, à .......... Elle contiendrait, d'après les titres de propriété, quatre-vingt-cinq ares vingt-deux centiares.

La pièce de terre appartenant à M. Gauthier tient du levant à .........., etc. Elle contiendrait également, d'après les titres de propriété, soixante-trois ares dix-sept centiares, ce qui ferait pour les deux terrains une contenance totale d'un hectare quarante-huit ares trente-neuf centiares.

Nous étant transporté sur les lieux le .......... jour convenu avec les parties, et en présence de celles-ci, nous avons procédé à l'arpentage des deux pièces de terre dont il s'agit, et nous avons reconnu que la totalité du terrain contient un hectare trente-trois ares vingt-huit centiares, au lieu d'un hectare quarante-huit ares trente-neuf centiares que réclament les deux parties réunies, ce qui fait un déficit de quinze ares trente et un centiares.

Il était donc nécessaire de donner à chacune des deux pièces de terre une contenance moindre que celle indiquée par le titre et de leur faire subir une réduction proportionnelle à leur étendue. D'après cela nous avons donné à la pièce de terre de M. Nuss la contenance de soixante-seize ares soixante-quinze centiares que ladite pièce doit avoir désormais, au lieu de quatre-vingt-cinq ares vingt-deux centiares réclamés par le titre.

Et afin que lesdites propriétés soient à l'avenir délimitées d'une manière précise et apparente, nous avons posé des bornes ainsi qu'il suit :

Pour la pièce de terre appartenant à M. Nuss, nous avons posé une première borne à l'angle formé par les deux chemins dits : le Chemin Creux et le Chemin des Bœufs; une seconde borne à cent mètres de distance de la première, sur la lisière du Chemin Creux; une troisième borne .........., etc., lesdites bornes figurées au plan ci-joint.

Pour la pièce de terre appartenant à M. Gauthier, nous avons posé ..........., etc.

Toutes ces bornes sont en pierre meulière et ont environ 0m60 de hauteur.

En foi de quoi nous avons signé le présent procès-verbal pour valoir ce que de droit.

Fait à ..........., le .... .......

Antoine BRUN,
*Géomètre-arpenteur.*

## N° 39 *bis*.

Les soussignés :

Monsieur André Nuss, demeurant à ..........,

Et Monsieur Auguste Gauthier, demeurant a ...,

Après avoir assisté au bornage opéré par M. Antoine Brun et avoir pris connaissance du procès-verbal et du plan y annexé,

Déclarent approuver ledit procès-verbal, accepter la délimitation qu'il détermine et s'engager à la maintenir.

Fait double à ..........., le ...........

André NUSS. Auguste GAUTHIER.

## N° 39 *ter*.

Je soussigné, Antoine Brun, arpenteur-géomètre, reconnais avoir reçu de M. Nuss, André, une somme de ................., et de M. Gauthier, Auguste, une somme de ........... pour honoraires des opérations et du procès-verbal de bornage, dont quittance.

Fait à ..........., le ...........

Antoine BRUN,
*Arpenteur-Géomètre.*

## N° 40. — Procuration pour vendre.

Je soussigné, Joseph Bonard, propriétaire, demeurant à Caen, rue Nationale, n° 12, donne par les présentes pouvoir à M. Gaston Chauvin de vendre et aliéner aux meilleures conditions que faire se pourra *tel bien*, stipuler toutes garanties de droit, recevoir le prix et en donner quittance, promettant d'avoir le tout pour agréable.

A Caen, le vingt septembre mil huit cent quatre-vingt-quatorze.

Joseph BONARD.

## N° 41. — Procuration pour acheter.

Je scassigné, Joseph Bonard, propriétaire, demeurant à Caen, rue Nationale, n° 12, donne par les présentes pouvoir à M Gaston Chauvin d'acheter aux meilleures conditions que faire se pourra *tel bien*, exiger toutes justifications et garanties, payer le prix et en retirer quittance, promettant d'avoir le tout pour être agréable.

A Caen, le 20 septembre 1894.

Joseph BONARD.

# VENTE

## N° 42. — Vente d'une ferme.

Cette formule peut servir pour la vente d'une maison ou d'un autre immeuble quelconque.

Entre nous soussignés :

Monsieur Léon Gentil, propriétaire, demeurant à Tauxigny,

Et Monsieur Jacques Levilain, propriétaire, demeurant à Tours, rue Renan, 5,

A été faite la convention suivante :

M. Gentil vend à M. Levilain, acceptant, avec garantie de tous troubles, hypothèques et empêchements quelconques, une ferme située à ........., commune de ..........., canton de ..........., consistant :

1° En une maison de maître et en bâtiments d'exploitation, grange, écuries, pressoirs, hangars (*ou bien désigner les bâtiments d'exploitation*);

2° En terres labourables, prés, vignes, bois, le tout d'une contenance de ....... hectares environ, et composées de plusieurs pièces dont la désignation suit :

(*Désigner les pièces de terre en détail, en faisant connaître leurs tenants et aboutissants et leurs contenances approximatives*) ;

3° En outils aratoires, cuves, tonneaux, tombereaux, charrettes, bestiaux, d'après l'état qui en sera annexé aux présentes.

M. Gentil était propriétaire de ladite ferme par suite de l'acquisition qu'il en avait faite de M. Benjamin, par contrat passé devant Me Boisseau, notaire à .........., moyennant le prix de ........, qui a été payé après toutes formalités de transcription et de purge d'hypothèques régulièrement remplies. (*Établir la possession de l'immeuble depuis trente ans au moins, de manière que la prescription assure la propriété au dernier vendeur.*)

M. Levilain prendra ladite ferme avec les servitudes actives ou passives, apparentes ou occultes qui peuvent en dépendre ou la grever.

Il exécutera pour le temps qui en reste à courir le bail qui a été fait de cette ferme au sieur Bazille, bail dont l'acquéreur déclare connaître les conditions, et il sera subrogé dans tous les droits du vendeur à l'égard du sieur Bazille.

M. Gentil ne garantit nullement la contenance exacte de ladite ferme, M. Levilain déclarant avoir là-dessus des renseignements suffisants.

La vente est faite moyennant le prix de ........ francs qui sera payé en trois termes, avec les intérêts à 4 p. °/o à partir d'aujourd'hui, savoir :

1° ......... francs dans l'espace de quatre ans, et d'ici-là M. Levilain pourra remplir, s'il le juge convenable, les formalités de la transcription et de la purge des hypothèques;

2° ............ francs, le ...........;

3° ............ francs, le ............

Par privilège réservé au vendeur, ladite ferme demeurera spécialement obligée et hypothéquée au payement du prix de la présente vente.

Le jour où le prix sera entièrement payé, les titres de propriétés seront remis à l'acheteur. Toutefois ledit acheteur percevra les revenus à partir d'aujourd'hui.

*(S'il convient à M. Levilain de déposer le présent acte chez un notaire, M. Gentil devra s'y présenter avec lui pour reconnaître sa signature et donner à cet acte le caractère authentique.)*

Fait double à Tours, le quinze septembre mil huit cent quatre-vingt-quatorze.

L. Gentil. J. Levilain.

## N° 43. — Vente d'une pièce de terre.

Entre les soussignés :

Monsieur Léon Gentil, propriétaire, demeurant à Tauxigny,

Et Monsieur Jacques Levilain, propriétaire, demeurant à Tours,

A été faite la convention suivante :

M. Gentil vend à M. Levilain, acceptant, avec garantie de tout trouble, hypothèque et empêchements quelconques :

Une pièce de terre en nature de vigne de la contenance de vingt hectares environ, sise à ....., entre M. A......., au nord; M. B......., à l'est; M. C......., au sud, et la route de Tours à Bordeaux à l'ouest; ladite pièce de terre M. Gentil avait acquise de M. Jules Dubois, par contrat passé devant Me Branchu, notaire à ........, moyennant le prix de .........., qui a été payé après toutes formalités de transcription et de purge d'hypothèque régulièrement remplies. *(Établir la pos-*

*session depuis trente ans au moins, de manière que la prescription assure la propriété au dernier vendeur.)*

M. Gentil ne garantit nullement la contenance exacte de ladite pièce de terre, non plus que les revenus qu'elle est susceptible de produire, M. Levilain déclarant avoir sur ces points des renseignements suffisants.

La vente est faite moyennant le prix de ........ francs que M. Levilain s'oblige à payer avec les intérêts à 5 p. %, à partir d'aujourd'hui, dans l'espace de deux ans, et d'ici là il pourra remplir, s'il le juge à propos, les formalités de la transcription et de la purge. Le jour où le prix sera entièrement payé, les titres de propriété seront remis à l'acheteur.

Toutefois, ledit acheteur percevra les revenus à partir d'aujourd'hui.

*(S'il convient à M. Levilain de déposer le présent acte chez un notaire, M. Gentil s'y présentera avec lui pour reconnaitre sa signature et donner à cet acte le caractère authentique.)*

Fait double à Tours, le cinq juin mil huit cent quatre-vingt-quatorze.

L. GENTIL. J. LEVILAIN.

## N° 44. — Vente d'un fonds de commerce.

Entre nous soussignés :

Monsieur Charles Arrault, limonadier à Tours, rue ............,

Et Monsieur Jean Bazin, ancien marchand de vins en gros à ............,

A été faite la convention suivante :

M. Charles Arrault vend à M. Jean Bazin, acceptant :

1° La clientèle de l'établissement qu'il tient rue des Halles, 21 ;

2° Les trois billards et tous les meubles et ustensiles attachés audit fonds de commerce, ensemble le vin et les marchandises détaillées dans l'état qui en a été dressé entre les parties et qui demeurera annexé aux présentes, le tout sous les conditions ci-après :

M. Jean Bazin payera à M. Arrault une somme de seize mille francs, savoir : huit mille francs comptant, lesquels M. Arrault reconnaît avoir reçus aujourd'hui, dont quittance; quatre mille francs le 1er juin prochain, et les quatre autres mille francs le 1er juin de l'année suivante. Pour les huit mille francs restant à payer, M. Arrault reconnait avoir reçu aujourd'hui deux billets à ordre de quatre mille francs chacun aux échéances ci-dessus indiquées.

M. Arrault cède à M. Bazin, acceptant, son droit au bail des lieux où est situé le café dont il s'agit, pour les six ans qui restent à courir audit bail, à la charge par M. Bazin de se conformer aux conditions qui y sont énoncées.

M. Arrault s'engage à ne gérer aucun café et à ne s'immiscer, de quelque manière que ce puisse être, dans la gérance d'aucun café et même d'aucun restaurant ou établissement quelconque dans lequel se débiteraient les marchandises qui se vendent habituellement dans les cafés, et ce dans quelque partie de Tours que ce puisse être; mais il lui sera loisible de tenir un café dans la banlieue ou ailleurs, et, dans le cas où le présent engagement serait enfreint par M. Arrault, il s'engage à payer à M. Bazin une somme de huit mille francs à titre de dommages-intérêts, sans qu'il puisse prétendre ou alléguer qu'il ne cause par le fait aucun préjudice à M. Bazin, et sans que M. Bazin, de son côté, puisse à aucun titre réclamer de dommages-intérêts supérieurs à ladite somme de huit mille francs.

Il est expressément entendu, en outre, que M. Arrault ne garantit à M. Bazin, dans le café qu'il lui vend, aucun chiffre d'affaires (*ou aucun chiffre certain ou approximatif de recette*), en telle sorte que M. Bazin s'interdit complètement toute espèce de réclamation tendant à prouver que le prix de la vente est exagéré et qu'il a été trompé dans son acquisition.

(*S'il convient à M. Bazin de déposer le présent acte chez un notaire, M. Arrault s'y présentera avec lui pour reconnaître sa signature et donner à cet acte le caractère authentique.*)

Fait double à Tours, le premier juin mil huit cent quatre-vingt-quatorze.

Charles ARRAULT. Jean BAZIN.

## N° 45. — Quittance de loyer.

Je soussigné, Paul Dupuy, demeurant à Tours. rue Victor-Hugo, 16, reconnais avoir reçu de M. Bouchez, Jean, la somme de cinq cents francs pour un trimestre échu le 1er juin, de la maison qu'il occupe comme locataire, laquelle est sise à Tours, rue de Paris, 4.

Tours, le deux juin mil huit cent quatre-vingt-quatorze.

P. Dupuy. J. Bouchez.

Nota. — *L'acceptation de congé donnée par le locataire au propriétaire peut être constatée par le propriétaire sur la quittance de loyer. — Servez-vous du modèle n° 27.*

*Commencer :* M. Bouchez, Jean, donne congé à M............

## N° 46. — Congé donné par le propriétaire.

*(Servez-vous du modèle n° 28.)*

*Commencer :* M. Dupuy, propriétaire, donne congé à M............

# TABLE DES MATIÈRES

DEVIS ET MARCHÉS.



PÉTITIONS.



FORMULES DE BAUX.

LOCATIONS.



ÉCHANGES.



BORNAGE.



VENTE.



TOURS, TYPOGRAPHIE ET LITHOGRAPHIE E. JULIOT.

RED. :
12

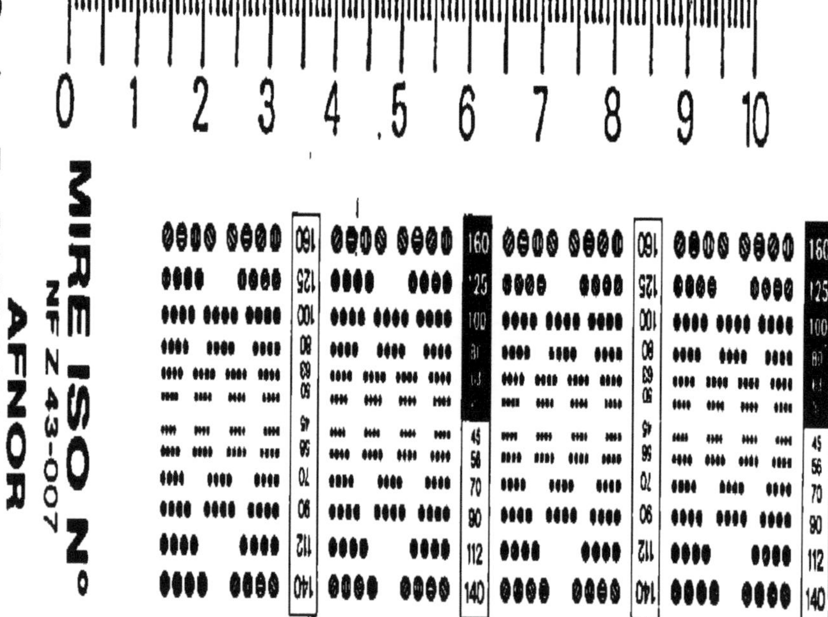
0 1 2 3 4 5 6 7 8 9 10
MIRE ISO N° 1
NF Z 43-007
AFNOR
Cedex 7 - 92080 PARIS-LA-DÉFENSE

www.ingramcontent.com/pod-product-compliance
Ingram Content Group UK Ltd.
Pitfield, Milton Keynes, MK11 3LW, UK
UKHW022126260726
13993UKWH00003B/1261